AF585886

DISCOVRS PRODIGIEVX DE DEVX FILLES, NE'ES A Paris le 17. Ianuier 1605.

Lesquelles s'entretenoient par le ventre inferieur, ayant deux testes, quatre yeux, quatre bras, quatre iambes & deux natures.

A PARIS,
Par Fleury Bourriquant, au mont S. Hilaire, prés le puits Certain, aux Fleurs Royalles.

DISCOVRS PRODIGIEVX DE DEVX FILLES, NEES A

Paris le 17. Ianuier 1605. lesquelles s'entretenoient par le ventre inferieur, ayãt deux testes, quatre yeux, quatre bras, quatre iambes & deux natures.

ENcores nouuelle Afrique, encores ville de Paris, ce ne t'est pas assez d'esleuer tes sourcils par-dessus tant d'autres citez de l'Europe, tu t'arrestes par preuarication de la nature, à nous faire voir des prodiges qui naissent dãs ton sein, si peuplé, qu'en nombre de citoyens tu te puis vanter d'estre la premiere du monde. Va ma belle, va fleurissant soubs les heureux augures de ton Auguste : & puis que le bruit de ta gloire monte si hault par tant d'autres merueilles, qu'il ne te prenne point enuie de te faire renommer par ces estranges desuoyemens, que nous tes enfans n'oserions nommer d'vn bon nom, que nous ne pouuons voir qu'à regret, & desquels nous n'esperons rien qui retourne à nostre contentement. Laisse au-moins couler des siecles, sans entrecouper ton heur de malheurs : c'estoit assez, qu'au mois de Iuillet 1570. tu auois fait voir deux enfans, qui s'entretenoient par le nombril : en sorte que ceux qui les visiterent de plus pres, ne peurent discerner de quel sexe ils estoient.

Philosophes, qui auez les clefs du cabinet de nature, & qui par la viuacité de vos esprits paruenez à la cognoissance de toutes choses, & rendez la raison des actions ordinaires & extraordinaires de ceste mere commune, apprenez-nous comme il se fait qu'elle, qui ne tend iamais qu'à vn bien, s'endort neantmoins quelquefois, voire s'oublie tellement en son deuoir, que nous refusons de voir ce qu'elle a pensé bien faire. Est-ce que nostre imagination tient le contrerolle de son operation ordinaire, & que s'il nous plaist, par vne desordonnée fantasie ; nous la faisons errer de son droit sentier, & quitter l'ordre qu'elle a accoustumé de tenir ? Ou bien, est-ce point qu'ayant failly en nous-mesmes, & que n'ayant pas bien proportionné ses matieres, dans lesquelles elle refaict, comme dans vn mousle, les nouueaux indiuidus, les nouuelles parties de son ancien tout, elle adiouste faute sur faute, & ne proportionne pas le cõtenu, à ce qui contient la liqueur au vase, le respand, l'estend, & l'employe à chose superfluë. Ainsi pensant tousiours trauailler, voulant faire deux gemeaux, si la matrice dans laquelle nature opere n'est assez spacieuse pour ces deux corps qu'elle entreprend, souuent elle les coust l'vn à l'autre par l'endroit où elle les rencontre plus à propos ; ou encores, si elle n'a qu'vn corps à former, & qu'elle le place mal dedans son mousle, cet ambrion estant susceptible de toutes formes, pour l'incommodité qu'il reçoit dans la matrice, raporte vne imperfection, ou vne defectuosité naturelle. Ce n'est pourtant pas tousiours la faute de la nature, elle procede souuent de nostre propre default, d'autant que si les quatre especes d'humeurs dont se fait la semence, ne contribuent entierement lors que ſe fait la generation, il y aura de neceſſité quelque partie mutilée ; ou ſi elles ſur-abondent toutes, Empedocles & Diphile nous ont appris, qu'il y aura par conſequent vne ſur-abondance de membres, ou bien des gemeaux. Nous auons veu cela arriuer plus frequemment que vtilement ; car nature meſme, deſplaiſante de voir qu'elle a ſi mal operé, s'eſtant (honteuſe de ſa faulte) abandonné & delaiſſé ſouuent telles beſongnes monſtrueuſes, auſſi toſt qu'elle les a monſtrées; monſtrées dy-ie, quelquefois par brauade, quelquefois par menaces, & aucunefois pour punition des offences du pere ou de la mere, qui ſont choſes ſecrettes, parmy leſquelles Dieu interpoſe quand il luy plaiſt ſon authorité, pour nous diuertir de nos peruerſes inclinations, ou pluſtoſt de nos vices pernicieux. Reſeruons donc les cauſes de ces choſes extraordinaires, à celuy qui cognoiſt iuſques aux moindres de nos penſées, & qui lit dans le creux de nos conſciences ce que nous y retenons plus clos & couuert : car en vain nous en irons baſtiſſant pluſieurs, puis qu'il n'y en peut auoir qu'vne qui ſoit la vraye cauſe, & la vraye raison, qui releue en fief de la toute-puissante volonté du Tout-puissant.

Disons donc ce qui est arriué en ceste ville de Paris, Mardy dernier, le xvij. iour de Ianuier 1605. à deux heures du matin, en la ruë de la Bucherie, celle qui du costé de petit Pont monte du long de l'eau, pour venir à la place Maubert.

Vne pauure femme, nommée Denise Coudun, natifue de Paris parroisse sainct Seuerin, mariée à Iacques Charpentier pescheur de son estat, natif de Mont-didier en Picardie, est accouchée de deux filles, qui s'entretenoient ensemble, depuis le haust de la poictrine iusques au nombril. Ceste femme est en l'aage de 35. ans, & son mary de 40. qui viuent sans mauuaise reputation, ont eu six enfans, dont deux suruiuent encores: ces derniers, si vous les contez pour deux, font le nombre de huict. C'estoit (comme ie vous ay dit) deux filles, qui sont venues auant le terme, à six mois, & n'ont eu vie; elles sont sorties du ventre de la mere soubs vne mesme tunique, s'entrebaisant, & embrassant bras sur bras: en sorte qu'elles auoient bouche sur bouche, & yeux sur yeux, en tout bien formées, les visages fort ronds, & les cheueux longuets, de couleur chastagnee. Elles auoient pour l'exterieur les proportions du corps fort bien gardées, sans aucune defectuosité de mains ny de pieds; ainsi qu'il s'est veu en beaucoup d'autres pareils auortons: au reste égales en grandeur & corpulence; & si parfaictement semblables de visage, qu'il n'y auoit aucune difference de l'vne à l'autre, n'ayant au reste qu'vn seul nombril. Ie vous en ay mis le pourtraict tout au commencement de ce Discours, pour le voir plus exactement à l'œil, pendant que ie suppléray au peintre, & luy fourniray ce qu'il n'a peu exprimer de l'anatomie qui en a esté non moins curieusement que doctement faicte. Au ventre inferieur il n'y auoit qu'vn foye pour toutes deux, chacune neantmoins auoit les intestins separez, vn ventricule, vn estomach, & les reins aussi separez; toutefois le ventre inferieur estoit separé par le peritoine, qui estoit double, dependant du milieu du foye. Chacune auoit vne ratelle, vn poulmon & vne vessie: elles n'auoient qu'vn cœur pour toutes deux, lequel estoit estendu en largeur, & auquel respondoient deux veines cuues.

Rap-

Rapportez maintenant toutes ces particularitez à l'imagination, ainsi qu'ont fait Hipocrates, Pline & autres, la mere de ces enfans ne l'a pas, à mon iugement, beaucoup forte; & estant femme de trauail, elle a bien d'autres occupations que de s'arrester à des folies, telles que ces idées Platoniques & fictions Chimeriques: son esprit n'a peu s'esleuer si hault que cela, la nature qui opere en elle, comme par tout, a peu aussi tost s'abuser qu'elle a fait en d'autres. L'Italie vous fournira deux pareilles coniunctions, quoy que diuerses de posture, l'vne à Veronne en l'an 1475. l'autre à Rome, durant le Pontificat du Pape Alexādre sixiesme, c'estoit deux filles qui s'entretenoient par les reins. Encores plus monstrueusement, il s'est veu proche de Heydelberg deux enfans, qui n'auoient qu'vn mesme fil de reins, autant de bras, & autant de pieds que ce dernier cy, mais estoient Hermaphrodites (entendez simples) c'est à dire qu'ils auoient chacun vne nature d'homme & de femme. Sebastien Munster, autant digne de foy qu'historien de nostre temps, dict qu'en l'an 1495. au mois de Septembre, vne femme enfanta aupres de Vormes, c'est à costé droit du Rhin, deux filles qui ont vescu iusques à l'aage de dix ans, lesquelles s'entretenoient par le front, & eussent vescu plus long temps, n'eust esté que l'vne mourut : & pour la douleur que ressentit l'autre, estant besoing de luy ouurir le test, elle mourut aussi. Il adiouste qu'il veit ces filles à Majence, & que l'on a estimé que la cause de ce prouenoit, que deux femmes grosses parlant de pres ensemble, suruint vne troisiesme à l'impourueu, qui leur entrechoqua le front. Si vous voulez voir Celius Rhodiginus en ses Leçons, au quatriesme liure, chap. 3. il faict mention d'vn monstre né à Sarzane le 19. Mars en l'an 1540. lequel auoit deux testes sur vn mesme col, & vne petite main entre deux ; oultre deux bras & deux autres mains qu'il auoit. Ce qu'il en raporte conuenant au subiect, qui a esté l'occasion de ce Discours, est qu'il dit, que la dissection anatomique en estant faicte, on ne luy trouua qu'vn cœur, deux foyes & deux rates. Ie m'estendrois plus auant à vous rapporter d'autres prodiges, si ie n'estimois que ce subiect est plus lamentable & ennuyeux que delectable & fructueux.

Mais qu'en direz-vous Theologiens, vous qui tenez les ſacrez Ancres de ce grand vaiſſeau, i'entens de ceſte grande ville de Paris ; ſçauez-vous pas les desbordemens deprauez qui s'y commettent ? vous raporte-lon point que ce peché, qui cauſa l'embraſement de ces cinq grandes citez, celuy qui occaſionna vne peſte ſi violente dans le Royaume de Iudée, eſt deuenu vne vertu, a pris le manteau de ciuilité, il eſt paruenu à tel degré : Entré en tel credit, que c'eſt luy qui eſleue les ſourcils des paillardes par-deſſus l'honneur des chaſtes matrones. Voicy vn embraſſement illegitime que la nature a faict, elle ſe plaint, & vous faict voir que vous ne gardez plus ſes loix, toute corruption & abomination ſe pratique & ſe commet, il eſt à craindre que celuy qui vous attend à penitence, ne fouldroye ſon ire vengereſſe ſur vos chefs coulpables de ſi enormes crimes. Prions-le qu'il vſe enuers nous de ſa miſericorde infinie, & qu'il deſtourne le mal-heur de tous les ſiniſtres preſages qui nous menaſſent. Ainſi ſoit-il.

www.ingramcontent.com/pod-product-compliance
Lightning Source LLC
LaVergne TN
LVHW012019170826
845678LV00004BA/1554

* 9 7 8 2 3 2 9 6 2 3 8 6 3 *